Couvertures supérieure et inférieure manquantes

CONSIDÉRATIONS PHILOSOPHIQUES SUR L'ART.

THÈSE DE PHILOSOPHIE

PRÉSENTÉE

A LA FACULTÉ DES LETTRES DE L'ACADÉMIE DE STRASBOURG,

ET SOUTENUE PUBLIQUEMENT,

Le mercredi 23 janvier 1839, à 2 heures après midi,

POUR OBTENIR LE GRADE DE DOCTEUR ÈS LETTRES,

PAR

E. QUINET,

LICENCIÉ ÈS LETTRES.

STRASBOURG,
De l'imprimerie de F. G. LEVRAULT, rue des juifs n.° 33.
1839.

PRÉSIDENT DE LA THÈSE :

M. BAUTAIN, Doyen de la Faculté des lettres.

La Faculté a arrêté que les opinions émises dans les dissertations qui lui sont présentées, doivent être considérées comme propres à leurs auteurs, et qu'elle n'entend ni les approuver ni les improuver.

CONSIDÉRATIONS PHILOSOPHIQUES

SUR L'ART.

L'ART a pour but la représentation du beau que l'on a justement appelé la splendeur du vrai. Dire qu'il est à lui-même sa propre fin, c'est dire que le moyen est fait pour le moyen. Cette dernière théorie est née d'une réaction contre le génie du dix-huitième siècle, qui ne cherchait dans les arts que la démonstration des maximes politiques et religieuses sur lesquelles il fondait son empire. Ce fut là sans doute une manière de revendiquer la liberté de l'art. Mais cette émancipation n'était véritablement que négative, puisqu'elle se bornait à l'isoler des circonstances environnantes, et à lui créer par une sorte d'abstraction une royauté imaginaire. La véritable grandeur de l'art repose sur son alliance avec la beauté éternelle.

Chaque partie de l'espace renferme un monde, et sous les circonstances les plus passagères se cache une pensée immuable. L'art a pour but d'atteindre l'immuable dans l'éphémère, l'éternité dans le temps, et d'exprimer l'infini par le fini, l'invisible par le visible.

Toutes les formes extérieures sont le symbole d'une pensée qu'elles renferment. L'artiste, sans détruire le symbole extérieur, a pour mission de révéler la pensée qui y est contenue. C'est en cela qu'il diffère du philosophe qui peut nier les formes pour ne s'occuper que des idées. L'artiste, au contraire, a deux mondes à régir, le réel et l'idéal. Il ne peut ni les détruire l'un par l'autre, ni les résoudre l'un dans l'autre. Il faut qu'il les laisse également subsister, et qu'il fasse sortir l'harmonie de leurs contradictions apparentes.

L'art en soi existe indépendamment de l'homme. Avant l'apparition du genre humain, l'univers était un grand ouvrage d'art qui racontait la gloire de son auteur. La beauté avait déjà été réalisée dans la nature. Le premier lever du soleil au sortir du chaos, le premier murmure de la mer en touchant ses rivages, ce furent là les premiers poëmes où se peignit l'Éternel. Quoique nul peuple ne fût encore dans le monde, l'idée d'art était déjà complète. L'ouvrage et l'ouvrier étaient en présence l'un de l'autre; la nature était la représentation de l'idéal suprême. Si ces sortes de rapprochements n'étaient pas trop souvent arbitraires, on pourrait même dire qu'il existait déjà une sorte d'image anticipée de la division des arts. Dans ce sens, les formes des montagnes seraient l'architecture de la nature, les pics, sculptés par la foudre, sa statuaire, les ombres et la lumière sa peinture, le bruit des vents, des flots et de la création entière, son harmonie, et l'ensemble de tout cela, sa poésie.

On a pendant longtemps fait reposer tout l'art humain sur le principe de l'imitation. Il serait facile de démontrer qu'aucun des arts en particulier ne copie un objet déterminé; quel que soit celui que l'art veuille représenter, il le change, il le modifie; en quelque manière il le crée une seconde fois. Ni l'architecture, ni la sculpture, ni la peinture ne copient servilement une partie du monde extérieur. Ils ne reproduisent pas davantage un homme en particulier. Quel est donc le but de leur imitation? L'idéal, le beau en soi, l'immuable; tous les arts imitent, en effet, mais ils imitent l'Éternel.

Ni la nature ni l'art ne sont copiés l'un sur l'autre, mais l'un et l'autre dérivent d'un même original, qui est Dieu.

L'idée par laquelle les peuples se sont représenté l'Être éternel, est donc celle qui décide des règles et de la forme de leurs arts. Selon qu'ils auront plus ou moins approché de cet idéal suprême, le développement entier de leur génie plastique sera modifié. Il en résulte qu'une histoire des arts suppose nécessairement une histoire des religions.

De là trois divisions principales : l'art oriental, l'art grec, l'art chrétien.

1.° Dans l'origine, au sein d'un panthéisme matériel, les formes de la nature et des animaux ont seules été prises pour symboles de l'idéal. La figure de l'homme est pour ainsi dire absente des œuvres de l'Orient. Un seul art a pu s'y développer d'une manière complète, et c'est aussi celui qui est le plus impersonnel de tous, l'architecture.

2.° Chez les Grecs, l'homme s'adorant lui-même, est devenu par excellence le symbole du divin. La statuaire a été l'art dominant, et pour mieux dire l'invention particulière des Hellènes. C'est celui qui répondait le mieux à la forme sous laquelle ils concevaient l'idéal suprême. L'art a été pour eux une apothéose de l'humanité.

Les Romains, ayant dans le fond la même religion que les Grecs, ont eu le même idéal, c'est-à-dire le même art.

3.° A l'avénement du christianisme, la matière a cédé à l'esprit, l'humanité a abdiqué devant le créateur. Le Dieu spirituel a vaincu. L'humanité ne règne plus sur le trône de Jupiter. La sensualité païenne est condamnée. Le crucifix est devenu l'emblème de cet idéal nouveau; et un art moins sensuel, la peinture, a été par excellence celui des temps chrétiens.

En Orient l'art ne se résume dans aucun nom. Dans la Grèce Phidias, chez les modernes, Raphaël, marquent toute la différence de deux civilisations, de deux mondes, du paganisme et du christianisme.

L'art réalise l'idéal de Dieu tel qu'il a été conçu par les peuples, ou imposé par la tradition. Mais en le réalisant par des formes palpables, il l'altère et le transforme inévitablement. D'abord, il se contente de copier les types consacrés par le sacerdoce. Il fait, en quelque manière, partie du culte. Nulle liberté, nulle invention dans le choix ni dans la forme des objets représentés; plus la foi est profonde, plus aussi l'artiste est asservi à la tradition, ainsi qu'on peut le voir surtout par l'exemple de l'Inde. Cependant, peu à peu l'imagination se substitue à la coutume. Les formes se perfectionnent en acquérant plus de liberté.

L'art se crée dans le sanctuaire même une croyance particulière. Il change, il innove à son gré. Il suit non plus la voie des ancêtres, mais une certaine idée, *una certa idea*, comme disait Raphaël. Il a conquis l'indépendance, en sorte que l'on peut établir comme une loi générale, que l'art ne grandit qu'aux dépens de la tradition, et que, né du culte, il tend à son insu à détruire lui-même son berceau. Tout art incline à l'idolâtrie.

A l'égard du rapport de l'art avec les institutions politiques, on a souvent demandé comment il a pu fleurir sous le despotisme, qui semble devoir tarir toutes les sources de la vie. Premièrement, il peut arriver que ce prétendu despotisme ne soit rien en réalité que le développement le plus énergique des idées nationales, et que ce qui nous paraît servitude n'ait été qu'une paix consentie par les contemporains. Telles furent les époques de Périclès, d'Auguste, des Médicis, de Louis XIV. Secondement, il est des arts en quelque sorte muets, l'architecture, la peinture, qui se sont développés même dans l'oligarchie de Venise. Troisièmement, enfin, loin que l'art soit l'allié naturel de la servitude, il porte en soi une liberté suprême. Il brave les verroux; il chante dans les fers; quand tout est asservi, il garde seul son libre arbitre et il n'obéit qu'à ses propres lois. Il n'est pas même esclave des sens. Comment le serait-il des institutions humaines? Homère, Milton, séquestrés dans les ténèbres comme dans un cachot, ont régné sur la nature visible.

A proprement parler, toute vie humaine est un art. Chaque homme porte en soi un certain idéal ou plutôt une créature supérieure qu'il doit peu à peu révéler par ses œuvres. Chaque individu en naissant est appelé à choisir entre ses instincts et ses passions, ce qu'il y a d'immortel et de divin, à rejeter au contraire ce qu'il y a de faux et de périssable en lui-même. Comme un sculpteur fait sortir du rocher la statue qu'il aperçoit des yeux de sa pensée, ainsi nous devons dégager notre personne morale des liens du monde qui nous enveloppe de toutes parts. Les uns laissent l'ébauche à moitié achevée. Les plus sages, les plus purs ne quittent pas l'ouvrage avant que la statue ne soit détachée du bloc. Il y a du Phidias dans toute créature morale.

Le premier et le plus élémentaire des arts est l'architecture. Ses rapports les plus immédiats sont avec la nature inorganique et végétale. Presque toujours la géologie a décidé des formes primitives de l'architecture. La forme pyramidale des monuments égyptiens a des relations avec la nature granitique des terrains. Au contraire, les assises parallèles des temples grecs semblent être le prolongement des couches calcaires des montagnes de la Grèce.

L'architecture est à l'histoire du genre humain ce que les ossements fossiles sont pour l'histoire des époques de la nature. C'est en quelque manière le squelette du passé d'après lequel on peut reconstruire un moment donné de l'histoire civile.

Les peuples qui ont la même architecture, appartiennent au même ordre de civilisation et ne composent véritablement qu'une même société.

Chez les Grecs, l'ordre dorique, l'ordre ionique représentaient la différence fondamentale des deux populations helléniques ; en sorte qu'un temple marquait, par des formes mathématiques, le caractère de la nation et de l'État dans leurs rapports les plus généraux avec la nature.

Dans l'architecture byzantine, ces différences de races doriennes, ioniennes ne sont plus observées. Le mélange de tous les ordres s'est opéré à l'image du mélange de tous les peuples dans la pensée chrétienne.

Enfin, dans l'architecture gothique, les ordres épars, les colonnes diverses, s'unissent et se pressent en faisceaux dans un même pilier. Dès ce moment aussi les peuples ne font plus qu'un même faisceau dans la main du même Dieu. La cathédrale gothique est dans l'architecture le type de l'unité des sociétés modernes.

L'architecture s'accroît avec le temps, et semble l'œuvre des générations plutôt que l'œuvre d'un seul homme : c'est la représentation de l'histoire universelle.

L'Italie, qui a produit le plus de sociétés différentes, est aussi le pays du monde où l'architecture est le plus complexe. On l'y trouve sous toutes les formes, excepté l'arabe. L'architecture gothique y a suivi surtout la trace des invasions gibelines.

La sculpture a surtout pour objet la manifestation de l'homme. Pour qu'elle se développât, il fallait que l'homme commençât à se séparer de la nature. Au moment de l'histoire où les castes se sont effacées, le héros s'est montré, et avec lui sa consécration par la statuaire. Après avoir successivement adoré tous les objets de la nature, l'homme finit par se connaître. Sa forme devient pour lui l'idéal de la beauté suprême.

Le rapport de l'architecture à la sculpture est celui de l'Orient à la Grèce.

La sculpture ne doit exprimer que les idées les plus générales, l'humanité plutôt que l'homme ; de là elle dépouille ses sujets de tout ce qu'ils ont de périssable. Elle n'a pas pour but d'exprimer tel individu dans tel moment donné de sa vie, mais plutôt l'idée ou l'esprit de toute une vie. Elle prend l'homme nu, sans aucune circonstance passagère de l'espace ou de la durée. Elle le revêt du divin. En un mot, toute sculpture est une apothéose ; art païen, c'est par le paganisme qu'il a atteint toute sa hauteur : il conçoit l'homme au même point de vue que l'épopée.

Au contraire, la peinture conserve toutes les circonstances du temps et du lieu. Elle ne montre pas nécessairement son objet dans l'éternité, dans l'immortalité, elle l'environne de tous les signes de la réalité, et ses personnages sont conçus au même point de vue que les personnages du drame. Ils ne sont point sur un piédestal supérieur aux atteintes de la durée ; ils sont plongés dans toutes les agitations de la vie terrestre. La peinture est celui de tous les arts où la personne ; l'individualité humaine règnent le mieux sans partage. L'homme n'est point dépouillé des attributs de l'existence passagère. L'individualité conquise et consacrée par le christianisme, a créé chez les modernes le règne de la peinture.

Le plus spiritualiste des arts plastiques est la musique; le protestantisme, qui a exclu du culte tous les autres arts, a conservé et développé ce dernier. La musique a cela de commun avec l'architecture, qu'elle repose sur les lois mathématiques des sons, comme celle-ci sur les lois de la gravité. Si la peinture se compose de dessin et de couleur, la musique se compose de mélodie et d'harmonie. L'harmonie est de plus, jusqu'à un certain point, pour la musique ce que la perspective est pour les arts du dessin. La musique vocale est l'expression des sentiments et des passions de l'homme. On pourrait dire que la musique instrumentale est l'expression ou l'imitation de l'harmonie de la nature. Ces deux formes de la musique ont surtout été représentées par l'Italie et par l'Allemagne.

Enfin, au faîte des arts est la poésie, qui, jusqu'à un certain point, les résume tous; car on peut dire qu'elle est à la fois architecture, sculpture, peinture et musique. Avec elle s'achève l'échelle de la beauté visible. Si l'on veut monter encore plus haut, on demande à l'art ce que la religion seule peut donner, et dans cette confusion se trouve l'abîme et avec lui le vertige. Toute poésie qui veut dépasser ses limites naturelles, défaille dans le vide; et franchissant le dogme, elle tombe dans le mysticisme. Après le développement régulier de la poésie grecque, dans Athènes, la ville de la beauté, vient le développement extrême et anormal dans Alexandrie.

« La métaphysique est le commentaire du texte qui est fourni par la poésie. Le philosophe a pour mission d'expliquer les inventions du poëte, comme Joseph expliquait les songes du Pharaon d'Égypte.

« La poésie proprement dite est indépendante de la parole; dans son acception la plus haute, elle est l'accord du passé et de l'avenir, ou plutôt l'harmonie éternelle.

« Pour se réaliser, elle a besoin de l'alliance de la parole et de la musique, c'est-à-dire du rhythme.

« Chaque être vivant a une voix, un accent particulier dans la nature; de même toute pensée a un rhythme nécessaire, qui ne peut être altéré sans qu'elle ne soit altérée elle-même. Il y a des idées poétiques auxquelles on donne le rhythme de la prose; il y a des idées prosaïques auxquelles on donne le rhythme de la poésie. Voilà la première confusion des genres, d'où naît l'anéantissement de l'art.

« Si toute pensée a un rhythme nécessaire que l'artiste doit découvrir, il s'ensuit que chaque genre de poésie doit avoir le sien ; et c'est là en effet une loi universelle, à laquelle je ne connais qu'une exception.

« Cette exception se trouve dans la poésie française, et mérite d'être remarquée ici, puisqu'elle ne l'a pas été encore. Elle consiste en ce que la langue française, dans les ouvrages du siècle de Louis XIV, n'offre qu'un seul et même mètre pour l'épopée et pour le drame, je veux dire l'alexandrin. Ce point, qui paraît d'abord insignifiant et méprisable, entraîne de grandes conséquences, et cette confusion dans la forme ne manque pas d'en produire de très-considérables dans le fond. Que l'on se figure un moment Sophocle, au lieu de son vers ïambique, si dégagé de mots, si bref, si dépouillé de vêtements et de matière, si beau de la seule nudité antique ; qu'on se le figure, dis-je, composant ses drames dans l'hexamètre magnifique, surabondant, intarissable d'Homère : toute l'économie du style de l'écrivain le plus parfait que l'imagination puisse concevoir, sera aussitôt changée. Sorti du langage naturel des passions, le poëte dramatique s'élèvera au langage des dieux, sans pouvoir dire comme le poëte épique, que c'est la Muse qui chante et non pas l'homme qui parle. Cette langue des rois pasteurs, qui est celle de Sophocle, une fois abandonnée, le changement passera des mots aux sentiments, des sentiments aux personnages, puis à la composition entière, laquelle, jetée hors du ton véritable, ne pourra échapper à la déclamation. Or, ce changement se trouvera être l'ouvrage d'une circonstance aussi futile et aussi ridicule en apparence, que la différence d'un pied de plus ou de moins dans le vers fondamental, sur lequel repose tout le système du poëme. Or, en France, on ne peut nier que le *drame* ne soit écrit dans le mètre et le rhythme de l'*épopée*. La vraie réforme consisterait donc, non pas à changer la nature de l'alexandrin, mais à trouver dans la langue française le vers qui correspond à l'ïambe des Grecs, des Latins, des Italiens, des Anglais, des Allemands, et de tous les modernes en général ; car ce vers existe assurément.

La poésie est lyrique, ou épique, ou dramatique.

Dans la forme primitive, la poésie, recueillie à sa

source, c'est-à-dire en Dieu même, est, pour ainsi dire, hors des conditions du temps, de l'espace et de la personnalité; elle est lyrique. Elle chante l'Éternel à l'exclusion du temps, le Dieu sans la créature, l'Être en soi plutôt que les êtres en particulier. De là les monuments primitifs des peuples sont des hymnes, des dithyrambes; les Védas des Indiens, les Izeds des Persans, les chants perdus d'Orphée, les Eddas des Scandinaves, les Hymnes ecclésiastiques des Chrétiens. Voilà la base et la substance première de toute poésie exprimée par la parole humaine.

La poésie lyrique, dans sa forme la plus pure, est le premier accent de l'humanité éveillée dans l'infini.

L'imagination humaine ne s'occupe pas toujours de l'Éternel; à mesure que la première intuition de l'infini fait place à celle de la nature visible et du fini, la relation du créateur et de la créature, de l'idéal et du réel s'établit dans la pensée de l'homme; et de là deux genres de poésie, selon la manière dont cette relation est conçue.

L'homme peut être frappé de l'harmonie qui existe entre l'univers et son auteur; il peut rattacher tous les objets de la nature et tous les événements de l'histoire à une même unité; il peut suivre les traces et la présence permanente du divin à travers tous les accidents de la vie terrestre. En un mot, sous toutes les scènes de la nature et de l'histoire, il est libre de reconnaître la sagesse céleste et le plan d'une providence, quel que soit le nom qu'il lui donne: la poésie qui naît de ce système d'idées, s'appelle poésie épique.

En second lieu, l'esprit peut n'être frappé que de la discorde qui est établie entre le créateur et la créature. L'homme, au lieu de vivre sous l'assistance immédiate de la divinité, sera représenté dans une lutte perpétuelle avec lui-même et la nature entière. Une querelle incessante sera établie entre la terre et le ciel; l'homme sera livré à lui-même, et la scène se passera dans les ténèbres de son cœur privé de la lumière céleste. Les dieux n'apparaîtront que vers le dénouement, pour mieux marquer qu'ils étaient absents du reste de la pièce. Cette poésie sera la poésie dramatique.

De ces considérations se déduisent naturellement les lois qui sont propres à chacun de ces genres de poëmes. Si l'épopée est le lien idéal du ciel et de la terre, il s'ensuit qu'elle ne peut exister sans manifester d'une manière sensible la présence du divin. Les scènes de l'épopée se passent en quelque sorte dans l'idée même de Dieu. De là la nécessité du merveilleux. Il n'est point nécessaire, comme le pensait le dix-huitième siècle, que le divin se révèle sous une forme particulière. Il faut seulement que l'idée divine soit comme le lieu même des événements. L'harmonie du ciel et de la terre, de la divinité et de l'humanité, est la loi de ce genre de poésie. Si la divinité absorbe tout comme dans la poésie orientale, l'épopée se résoud dans l'ode; si, au contraire, l'humanité domine trop exclusivement, l'épopée se résoud dans le drame. Homère, chez les anciens, est le seul qui ait gardé cet équilibre nécessaire.

Il suit également de ce qui précède, que le héros

de l'épopée est placé dans des conditions particulières. Il ne fait plus partie de l'histoire, mais il habite, en quelque sorte, par avance au sein de la divinité. Il en résulte qu'il est un type plutôt qu'une personnalité. Il représente un siècle, une race d'hommes, d'autres fois, l'humanité tout entière; et le devoir du poëte est de faire parler en lui la voix de la Providence plutôt que celle d'une personnalité capricieuse et mobile. Comme je l'ai dit plus haut, l'épopée conçoit ses héros au même point de vue que la sculpture.

Le contraire a lieu dans le drame : l'humanité peut y paraître dans toute sa faiblesse. C'est elle qui fait le fond du sujet : elle montre ce qu'elle peut faire sans l'infini, sans l'immuable, sans Dieu. L'homme est livré à lui-même, seul avec son propre génie; il ne retrouve le Dieu qu'à la dernier scène, avec la récompense ou le châtiment. Ce genre de poésie ne paraît chez les peuples qu'après que tous les autres s'y sont déjà développés.

La poésie dramatique est la seule qui, chez les Indiens, ne fasse pas partie de la littérature sacrée. C'est qu'en effet, selon la nature même des choses, le drame est beaucoup moins religieux en soi que l'hymne ou l'épopée.

La poésie lyrique, dans ses origines, appartient surtout aux époques sacerdotales et au génie de la théocratie. David, roi et prophète tout ensemble, restera à jamais le type de ce genre de poésie.

La poésie épique, héroïque, appartient principalement au génie de l'aristocratie et des races militaires.

Ce fut celle de la caste militaire des Indiens, de la féodalité, celle qui se rattache aux souvenirs d'Arthur et de Charlemagne, du Siegfried des Niebelungen, du Cid des romanceros.

Au contraire, le drame a une analogie secrète avec le génie de la démocratie; il a partout grandi avec elle. Le théâtre grec s'est développé chez les Ioniens démocrates plutôt que chez les Doriens aristocrates. Chez les modernes, il s'est développé non pas au sein de la race féodale, mais dans l'institution populaire par excellence, c'est-à-dire dans l'Église. L'épopée du moyen âge a été faite pour les barons; le drame pour le peuple.

Ce sont là les genres primitifs de la poésie, tels qu'ils sont fondés par la nature même des choses. Ils se succèdent partout dans le même ordre, en vertu d'une loi immuable, jusqu'au moment où ils se mêlent artificiellement les uns avec les autres. On peut ramener toute histoire littéraire à ces points principaux.

FIN.

www.ingramcontent.com/pod-product-compliance
Lightning Source LLC
Chambersburg PA
CBHW071445060426
42450CB00009BA/2306